AF321350

RÉPUBLIQUE FRANÇAISE.

MINISTÈRE DE LA GUERRE.

INSTRUCTION

SUR LE MODE D'ADJUDICATION

DE LA

FOURNITURE DES DRAPS

NÉCESSAIRES AUX TROUPES DE L'ARMÉE DE TERRE

du 1ᵉʳ janvier 1894 au 31 décembre 1899.

(Extrait du *Bulletin officiel*, 1ᵉʳ semestre 1893, partie supplémentaire.)

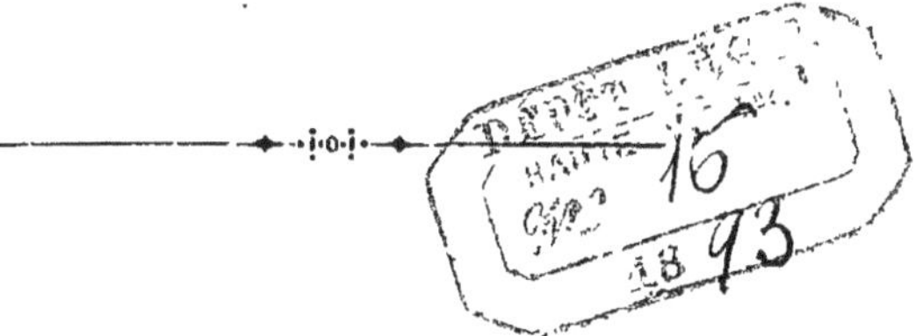

PARIS	LIMOGES
11, Place Saint-André-des-Arts.	46, Nouvelle route d'Aixe, 46

IMPRIMERIE ET LIBRAIRIE MILITAIRES

Henri CHARLES-LAVAUZELLE

ÉDITEUR.

1893

INSTRUCTION

SUR LE MODE D'ADJUDICATION

DE LA

FOURNITURE DES DRAPS

NÉCESSAIRES AUX TROUPES DE L'ARMÉE DE TERRE

Du 31 janvier 1894 au 31 décembre 1899

Mode de passation des marchés.

Art. 1er. Le 27 avril 1893, à 2 heures, il sera procédé, à Paris, dans l'une des salles de l'Intendance militaire, hôtel des Invalides (corridor d'Arles), à l'adjudication publique de la fourniture des draps nécessaires aux troupes de l'armée de terre du 1er janvier 1894 au 31 décembre 1899 et, éventuellement, au 31 décembre 1902, si le Ministre use du droit de prorogation de trois années, qu'il s'est réservé par le troisième paragraphe de l'article 1er du cahier des charges du 2 janvier 1893, régissant l'entreprise.

Il pourra être pris connaissance des modèles-types des draps à fournir au dépôt des modèles du ministère de la guerre, hôtel des Invalides (corridor de Maubeuge), et dans tous les magasins administratifs du service de l'habillement à l'intérieur.

Composition et division de la fourniture.

Art. 2. La fourniture est divisée en 109 lots, savoir :

20 pour les draps de sous-officier;
89 pour les draps de soldat.

Le nombre maximum de lots dont la même personne ou la même société peut devenir adjudicataire est fixé à 15 lots de draps de soldat ou 13 lots de draps de soldat et 4 lots de draps de sous-offi-

cier, soit, dans le premier cas, 15 lots et. dans le second cas, 17 lots (1).

Composition de la commission d'adjudication.

Art. 3. La commission chargée de procéder à l'adjudication est composée ainsi qu'il suit :

1° Le préfet de la Seine ou son délégué, président;
2° Le sous-intendant militaire chargé du service de l'habillement, à Paris, membre technique;
3° Un officier supérieur désigné par M. le gouverneur militaire de Paris, membre.

Conditions d'admission des soumissionnaires.

Art. 4. Toute personne se livrant à la fabrication des draps et possédant déjà, au moment où elle établit sa demande d'admission à soumissionner, soit comme propriétaire, soit comme locataire, une manufacture entièrement outillée, peut être admise à concourir pour un nombre de lots de draps en rapport avec les moyens de production de ladite manufacture, sans que ce nombre puisse dépasser les chiffres indiqués à l'article 2 ci-dessus.

Toutefois, la commission d'admission dont il est parlé à l'article 10 est seule juge du nombre de lots pour lequel chaque concurrent sera admis à concourir en raison de l'importance des moyens de production dont il aura justifié.

Chaque concurrent doit déposer, au plus tard le 20 février 1893 terme de rigueur, entre les mains du *directeur du service de l'intendance militaire de la région dans laquelle est situé son établissement,* les pièces énumérées ci-après (2) :

1° Une déclaration indiquant son intention de soumissionner, ses nom, prénoms, domicile et qualité, et spécifiant le nombre de lots pour lequel il demande à concourir;

---

(1) Le fabricant qui aura été déclaré adjudicataire d'un lot de draps de sous-officier pourra devenir adjudicataire de quatorze lots de draps de soldat.

Celui qui aura été déclaré adjudicataire de deux lots de draps de sous-officier pourra également devenir adjudicataire de quatorze lots de draps de soldat.

Le titulaire de trois lots de draps de sous-officier ne pourra être déclaré adjudicataire que de treize lots de draps de soldat.

(2) Ne sont pas admis à concourir les industriels dont les usines sont installées à l'est d'une ligne suivant la voie ferrée passant par : Lille, Carvin, Douai, Valenciennes. Saint-Quentin, Tergnier, Laon, Reims, Saint-Hilaire, Châlons, Vitry, Saint-Dizier, Chaumont, Chalindrey, Gray; puis la Saône jusqu'à la limite nord du département de l'Ain; enfin cette limite nord jusqu'à la frontière. Exception est faite pour les villes situées sur cette ligne, ainsi que pour l'usine de Pierrepont.

2° Une pièce constatant légalement sa qualité de Français (1) ;

3° Un extrait de son casier judiciaire pour établir qu'il n'a jamais été déclaré en état de faillite, ou qu'il a été réhabilité et qu'il n'est pas en état de liquidation judiciaire.

Cette dernière pièce ne doit pas avoir plus de trois mois de date au moment de sa production.

Les anciens faillis concordataires qui auront bénéficié de la disposition transitoire de l'article 25 de la loi du 4 mars 1889, ainsi que les personnes admises à la liquidation judiciaire, en vertu de la même loi, pourront solliciter leur admission à concourir, en produisant :

Soit le jugement déclarant que les intéressés ne seront soumis qu'aux incapacités édictées par l'article 21 de la loi du 4 mars 1889;

Soit le jugement qui les a admis à la liquidation judiciaire, ainsi que l'autorisation spécialement délivrée par le juge commissaire en vue de l'adjudication à intervenir ;

4° Une patente de fabricant de draps;

5° a) Pour tout établissement ou portion d'établissement dont le demandeur est propriétaire, un acte de notoriété passé devant notaire, attestant que les usines, ateliers, mécaniques, machines, ustensiles, engins et agrès, etc., appartiennent réellement en toute propriété au demandeur;

b) Pour tout établissement ou portion d'établissement pris à loyer, un bail authentique constatant que la jouissance des lieux, de la force motrice et du matériel est exclusivement réservée au locataire pour une durée non interrompue, suffisante pour l'exécution complète et entière du service à entreprendre. Sera réputé non valable tout bail laissant au propriétaire la faculté de résiliation avant la complète exécution du service, c'est-à-dire avant le 31 décembre 1902.

c) Dans le cas où le concurrent désirerait faire effectuer au dehors de son usine les opérations de la teinture, il pourrait s'adresser à un industriel exerçant cette spécialité, avec lequel il passerait, à ses risques et périls, un contrat stipulant, pour l'adminis-

---

(1) Entre autres pièces pouvant établir cette qualité, on peut citer :

1° Certificat de l'autorité civile constatant que l'intéressé jouit de ses droits civils et politiques;

2° Certificat d'inscription sur les listes électorales;

3° Carte d'électeur;

4° Certificat de l'autorité militaire établissant que le candidat a satisfait, en France, aux obligations de la loi sur le recrutement.

Cette énumération n'est pas et ne saurait être absolument limitative.

La commission peut admettre au lieu et place des pièces qui viennent d'être énumérées toutes celles qui établiront d'une manière incontestable à ses yeux que le concurrent est bien Français. La preuve de cette qualité peut, en effet, résulter, suivant la situation des intéressés, de la production d'autres documents authentiques dont on ne peut, à l'avance, établir la nomenclature complète.

tration, le droit et les moyens d'exercer sur tous les détails de la teinture la même surveillance que si elle s'effectuait dans l'établissement du fabricant.

S'il usait de cette faculté, le demandeur aurait à produire une copie authentique du contrat précité, à laquelle seraient jjointes, en ce qui concerne le teinturier, les pièces indiquées ci-dessus sous les n⁰ˢ 2 et 3 et une patente de teinturier.

Au cours du marché, si le fabricant venait à résilier le traité passé avec le teinturier, il devrait prévenir immédiatement l'administration et lui remettre une copie du nouveau contrat, accompagnée des pièces susdésignées.

Il demeure bien stipulé que le fabricant prend l'entière responsabilité de la teinture des étoffes et qu'il supportera personnellement les rejets ou ajournements provenant de la teinture des draps (1);

6° Les plans des usines et ateliers dans lesquels il se propose de faire fabriquer les draps nécessaires au service, avec l'état détaillé du conditionnement de l'outillage que chacun renferme. Ces usines et ateliers doivent être situés sur le territoire français; les plans et leurs annexes sont certifiés par l'architecte départemental;

7° Une déclaration, certifiée par l'ingénieur des mines ou, à son défaut, par le contrôleur des mines départemental, et indiquant la force motrice des moteurs, soit à vapeur, soit hydrauliques, affectés à chaque usine, en ayant soin de n'attribuer aux moteurs hydrauliques que la force moyenne, calculée en tenant compte des chômages forcés dus à la baisse ou à la crue des eaux;

8° Un état indiquant les entreprises de fourniture pour les services publics dont le signataire aurait été antérieurement adjudicataire, soit seul, soit en société;

9° Dans le cas où l'usine et ses dépendances ne seraient pas situées dans une même commune, un certificat délivré par le préfet ou le sous-préfet, constatant la distance qui les sépare.

Les directeurs du service de l'intendance militaire donnent aux déposants un récépissé énumératif de toutes les pièces produites.

Conditions d'admission particulières aux sociétés.

Art. 5. Les sociétés en nom collectif ou en commandite qui veulent concourir produisent les pièces énumérées en l'article qui précède sous les cotes 1°, 4°, 5°, 6°, 7°, 8°, 9° et, de plus, les pièces 2°, 3°, pour chacun des sociétaires.

Elles produisent, en outre :

Une copie légalisée de l'acte constitutif de la société, des statuts

---

(1) Il y a lieu de remarquer que les concurrents peuvent se trouver simultanément dans plusieurs, ou même dans la totalité, des trois cas prévus ci-dessus (*a*, *b*, *c*) et qu'ils auront à fournir, s'il y a lieu, les pièces exigées pour chacun d'eux.

et des documents modificatifs, s'il y a lieu. L'acte constitutif ne sera valable qu'autant que la durée de ladite société, qui ne devra pas être illimitée, sera au moins égale à la durée du marché à intervenir, et qu'il ne stipulera pas de réserves de nature à affaiblir la solidarité imposée par la loi aux membres de toute société dûment constituée.

Pour les sociétés anonymes : mêmes justifications, sauf les pièces indiquées sous les n°s 2 et 3 de l'article 4.

Pour ces mêmes sociétés, il sera en outre produit :

1° Une déclaration signée par le président du conseil d'administration et légalisée, faisant connaître les noms de la personne ou des personnes qui, d'après les statuts, ont qualité pour traiter au nom de la société ;

2° Un certificat délivré par le greffier du tribunal de commerce du lieu où est établi le siège de la société, constatant qu'elle n'est ni en état de faillite, ni en état de liquidation judiciaire.

Pour les sociétés à capital variable, les conditions d'admission sont celles énoncées aux paragraphes 1 et 2 du présent article si ladite société est en nom collectif ou en commandite, et celles des paragraphes suivants si la société à capital variable est une société anonyme.

Dispositions spéciales aux sociétés d'ouvriers français admises
à soumissionner.

Art. 6. Aux termes du décret du 4 juin 1888, les sociétés d'ouvriers français, constituées dans l'une des formes prévues par l'article 19 du Code de commerce ou par la loi du 24 juillet 1867, peuvent soumissionner dans les conditions ci-après déterminées si le Ministre de la guerre juge que l'admission de ces sociétés ne peut être préjudiciable aux intérêts du service.

Pour être admises à soumissionner, ces sociétés doivent préalablement produire :

1° La liste nominative de leurs membres ;

2° L'acte de société ;

3° Des certificats de capacité délivrés aux gérants, administrateurs ou autres associés spécialement délégués pour diriger l'exécution des fournitures qui font l'objet du marché et assister aux opérations destinées à constater la quantité et la qualité des fournitures livrées.

Les sociétés indiquent, en outre, le nombre minimum des sociétaires qu'elles s'engagent à employer à l'exécution du marché.

Justifications à produire par les titulaires des marchés actuels.

Art. 7. Les personnes ou sociétés actuellement engagées dans un marché avec l'administration de la guerre ne sont dispensées de la production d'aucune des pièces énumérées aux trois articles précédents.

Examen des déclarations reçues.

Art. 8. Les directeurs du service de l'intendance militaire, dès la réception des demandes d'admission à soumissionner, s'occupent de recueillir auprès des municipalités, des tribunaux et chambres de commerce tous les renseignements propres à éclairer la commission d'admission sur l'aptitude générale, la moralité et la solvabilité des signataires des déclarations ; d'un autre côté, ils vérifient les dossiers reçus, et, s'il y a lieu, les font compléter.

Visite des usines.

Art. 9. Les directeurs de l'intendance font visiter par des commissions présidées par un fonctionnaire de l'intendance (1) les usines indiquées par les signataires des déclarations comme devant être employées à l'exécution du service (y compris, s'il y a lieu, les teintureries), afin de s'assurer qu'elles remplissent toutes les conditions exigées par le cahier des charges et de déterminer le chiffre maximum des produits qu'elles pourront donner dans les conditions d'une bonne fabrication. Pour l'accomplissement de leur mission, les commissions reçoivent communication des plans, déclarations, titres de propriété, baux de location, contrats, etc.

Les résultats de la visite de chaque usine sont constatés par un certificat de vérification, qui est communiqué, séance tenante, aux intéressés, qui le visent et y consignent toute observation qu'ils jugent convenable.

Les certificats de vérification sont remis immédiatement, avec les pièces communiquées, aux directeurs du service de l'intendance.

En opérant la visite des usines, les commissions de vérification doivent refuser d'admettre, comme matériel de fabrique, les machines, outils, appareils, etc., en mauvais état ou impropres à la fabrication des draps en usage dans l'armée ; elles examinent si les titres de propriété, baux de location, etc., sont réguliers.

Elles vérifient si les forces motrices sont convenablement réparties dans chaque atelier, eu égard au matériel de fabrication qu'il renferme ; elles s'assurent de l'exactitude de la déclaration men-

---

(1) Ces commissions sont composées comme il suit :

1º Un sous-intendant militaire désigné par le Ministre... Président.
2º Un ingénieur des mines (dans le gouvernement de Paris, l'ingénieur conservateur du moulin de Billy).... }
  º Un officier d'administration du service de l'habillement } Membres.
  et du campement.................................... }

tionnée au paragraphe 7 de l'article 4, en recherchant si l'évaluation a été faite dans les conditions indiquées ; d'un autre côté, elles ont soin de ne pas attribuer aux indications du tableau E du matériel et de l'outillage, annexé au cahier des charges, un caractère exclusif. Toutes les fois que les métiers, machines, appareils, etc., présentés, sont d'une autre nature que celle indiquée, ou lorsqu'ils ont des dimensions ou des capacités différentes, il sera tenu compte de leur produit et le matériel sera admis si, dans son ensemble, il fournit une somme de travail équivalente à celle des appareils ou machines désignés et énumérés dans le tableau précité.

Le Ministre peut faire opérer de nouveau la visite des usines pendant le cours du marché, chaque fois qu'il le juge nécessaire, et notamment avant de faire les commandes dépassant le maximum dont il est question à l'article 26 du cahier des charges.

Transmission des dossiers.
Séance d'examen des déclarations d'intention de soumissionner.

Art. 10. Les certificats de vérification (§§ 2 et 3 de l'article 9) et les pièces visées aux articles 4, 5 et 6, sont transmis, avec leur avis motivé, par les directeurs du service de l'intendance, au président de la commission d'admission, sous le couvert de M. le sous-intendant militaire chargé du service de l'habillement, à Paris.

La commission d'admission (1) se réunit à Paris quinze jours avant la date fixée pour l'adjudication, pour prendre connaissance des renseignements recueillis, conformément aux articles 8 et 9.

Elle délibère et statue sur l'admission des concurrents et sur le nombre de lots pour lequel ils pourront soumissionner en raison de l'importance des moyens de production dont ils ont justifié et en tenant compte de la limite fixée par l'article 2.

Le résultat de ses délibérations est constaté sur un procès-verbal qui contient, complètes et séparées, d'une part la liste des admis avec le nombre des lots qui pourront leur être adjugés, d'autre part la liste des non admis.

Ces listes sont établies dans l'ordre alphabétique.

Une copie du procès-verbal est adressée immédiatement et directement au Ministre par le sous-intendant militaire membre technique de la commission.

---

(1) Conformément à l'instruction ministérielle du 31 juillet 1889, la commission d'admission comprend :

1º Le préfet de la Seine, ou son délégué............... Président.

2º Le sous-intendant militaire chargé du service de l'habillement à Paris.....................................

3º Un membre du conseil municipal de Paris............ Membres.

4º L'officier membre de la commission d'adjudication....

5º Un second officier désigné par M. le gouverneur militaire de Paris...................................

Notification des décisions de la commission.

Art. 11. Les décisions de la commission sont définitives et sans appel.

Le sous-intendant militaire les notifie le jour même aux intéressés.

Il adresse en même temps aux concurrents admis :

1° Des formules de soumission (modèles n° 1 et n° 2) ;

2° Un relevé des quantités de draps de chaque espèce entrant dans la composition des lots. Ce relevé, destiné seulement à servir de base à l'évaluation des soumissions, n'oblige pas le Ministre à opérer les commandes dans les proportions qu'il indique. Cependant, dans les commandes qui seront faites, les draps de chaque espèce à fabriquer seront, autant que possible, répartis entre tous les fabricants.

Division des opérations de l'adjudication en deux parties
d'après la nature des draps.

Art. 12. L'adjudication de la fourniture comporte deux opérations distinctes :

1° L'adjudication des lots de draps de sous-officier ;
2° L'adjudication des lots de draps de soldat.

Les fabricants soumissionnaires pour la première de ces fournitures ont la faculté de déposer des soumissions pour la deuxième, jusqu'à concurrence du nombre de lots pour lequel ils ont été admis à concourir.

Etablissement des soumissions.

Art. 13. L'adjudication a lieu sur soumissions établies distinctement pour les draps de sous-officier, d'une part, et pour les draps de soldat, d'autre part, sur des formules imprimées (modèles n° 1 et 2), fournies par le département de la guerre. Elles sont faites sur une seule expédition, que le soumissionnaire fait timbrer.

Les prix sont exprimés en toutes lettres, en francs et centimes, sans autre fraction. Les décimales inférieures au centime qui seraient néanmoins exprimées sont considérées comme nulles et non avenues.

Toute rature ou surcharge doit être approuvée par une nouvelle signature.

Les soumissions qui comprennent plusieurs lots engagent les signataires pour chaque lot distinctement et divisément.

Sont rejetées toutes les soumissions qui contiennent des clauses restrictives ou exceptionnelles.

Le défaut de timbre n'entraînera pas le rejet d'une soumission. Celle-ci sera timbrée ultérieurement à la diligence de l'administration, et aux frais, risques et périls du soumissionnaire.

Mode de dépôt des soumissions.

Art. 14. Les soumissions sont remplies en dehors de la salle ou a lieu l'adjudication, et renfermées dans une enveloppe cachetée à la cire et portant pour suscription :

« Soumission définitive pour la fourniture de..... lots de draps de sous-officier ou de soldat. »

Elles sont remises en séance d'adjudication, soit par le signataire, soit en son nom par un mandataire porteur d'une procuration régulière, légalisée et enregistrée, autorisant le représentant à signer le procès-verbal d'adjudication et le marché, et, en cas d'insuccès d'une première tentative d'adjudication, à déposer une nouvelle soumission à un second concours.

Dépôts de garantie.

Art. 15. Chaque soumission est accompagnée d'un récépissé constatant le versement dans une caisse du Trésor, en numéraire ou en valeurs sur l'Etat français, d'une somme de 3,000 francs par lot de draps de soldat et de 1,500 francs par lot de draps de sous-officier, destinée à garantir la réalisation du cautionnement exigé par l'article 23 (dernier alinéa) du cahier des charges.

La production de ce récépissé est de rigueur, et il ne peut y être suppléé par aucune remise de valeurs sur le bureau en séance d'adjudication.

Obligations résultant du dépôt d'une soumission.

Art. 16. Jusqu'au prononcé de l'adjudication, la remise d'une soumission engage le signataire, qui ne peut plus la retirer.

Le prononcé de l'adjudication, même dans le cas prévu à l'article 24 ci-après, libère tous les soumissionnaires autres que les adjudicataires.

Séance d'adjudication.

Art. 17. La commission étant réunie, sur la convocation de son président, au jour et à l'heure indiqués dans l'avis au public, et la séance étant déclarée ouverte, le président fait connaître l'objet de la réunion. Il donne lecture de la présente instruction et du cahier des charges, si quelqu'un des concurrents en exprime le désir, et passe outre si cette communication n'est pas demandée.

Lecture est aussi donnée, s'il y a lieu, des parties de documents (circulaires ou dépêches ministérielles) portant modification cu interprétation des dispositions du cahier des charges.

Ces formalités remplies, le président dépose sur le bureau la lettre close renfermant le ou les prix-limites fixés par le Ministre, et invite les concurrents à déposer leurs soumissions. A cet effet, l procède à l'appel nominal des personnes admises à soumissionner, en suivant l'ordre alphabétique de la liste établie conformément aux dispositions de l'article 10. A l'appel de son nom, chaque soumissionnaire dépose sur le bureau :

1° La lettre d'admission qui lui a été adressée par le sous-intendant militaire, conformément aux dispositions de l'article 11 ;

2° Le récépissé constatant le versement des dépôts de garantie ;

3° Les enveloppes, fermées de cachets à la cire, contenant les soumissions.

Chaque soumission déposée reçoit un numéro d'ordre de présentation.

Si c'est un fondé de pouvoir qui fait le dépôt des soumissions. il doit d'abord présenter à la commission la procuration dont il est muni. La commission l'examine, statue sans désemparer sur sa validité et, suivant le cas, accepte ou refuse le dépôt des soumissions.

Lorsque toutes les soumissions ont été déposées, le président annonce publiquement qu'il n'en recevra plus aucune après l'ouverture de la première.

Dépouillement des soumissions.

Art. 18. Le président décachette successivement les soumissions en suivant le numéro d'ordre de présentation ; il y inscrit ce numéro, la date de l'opération et les signe pour visa. Il en fait la lecture à haute voix.

La commission examine si elles satisfont à toutes les conditions exigées, et décide sans désemparer le rejet ou l'admission de celles qui présentent quelque défaut de forme. Sa décision est immédiatement annoncée à haute voix au public, comme notification aux intéressés, et toujours avant le prononcé de l'adjudication.

Les soumissions rejetées à quelque titre que ce soit demeurent annexées au procès-verbal de la séance, qui en fait mention.

Classement des soumissions.

Art. 19. Le sous-intendant militaire classe les offres dans l'ordre des moins disants.

Le classement est distinct pour les lots de draps de sous-officier et pour ceux de soldat.

Pour comparer les soumissions entre elles, le sous-intendant militaire calcule le montant de la dépense qui résulterait de l'application des prix demandés aux quantités de drap adoptées comme base des fournitures (art. 11).

Si plusieurs soumissions donnent des résultats égaux, elles sont provisoirement classées dans l'ordre du dépôt.

Le classement terminé, le président en donne lecture à haute voix.

Proclamation des adjudicataires de la fourniture des lots
de draps de sous-officier.

Art. 20. Le président brise alors le cachet de la lettre close renfermant le prix-limite et donne connaissance de ce prix aux seuls membres de la commission, en leur faisant observer qu'il doit rester absolument secret. Puis il proclame adjudicataires, dans l'ordre du classement, les soumissionnaires qui ont offert les prix les plus avantageux dans la limite fixée, en attribuant à chacun d'eux, au maximum, le nombre de lots déterminé par la commission d'admission et jusqu'à concurrence du nombre de lots à adjuger.

Si au cours de l'opération il se rencontre deux ou plusieurs soumissions donnant des résultats égaux (art. 19), et que l'ensemble des lots pouvant être adjugés aux signataires desdites soumissions dépasse le nombre des lots restant à adjuger, ceux-ci sont invités à faire, séance tenante, de nouvelles offres.

Si à cette seconde épreuve il y a encore égalité d'offres, ou si les soumissionnaires refusent d'en formuler de nouvelles, le sort décide, dans la forme qui est déterminée par la commission, quels seront ceux des soumissionnaires qui seront adjudicataires.

Dans le cas où le nombre de lots adjugés dans la limite du prix fixé reste inférieur au nombre total de lots dont se compose la fourniture, tous les soumissionnaires admis sont invités à faire, séance tenante, de nouvelles offres jusqu'à concurrence du nombre de lots pour lesquels ils ont été admis. Ces concours partiels sont renouvelés jusqu'à ce que la totalité des lots ait été adjugée ou que les soumissionnaires refusent de faire de nouvelles offres.

Pour les lots non adjugés, le Ministre traite ultérieurement comme il juge convenable.

Prix moyen pour chaque adjudicataire de plusieurs lots.

Art. 21. Pour chaque adjudicataire, l'adjudication est prononcée aux prix stipulés par la soumission.

Toutefois, il ne peut y avoir qu'un seul prix par adjudicataire et par espèce de drap. En conséquence, si une même espèce de drap ressort à des prix différents, dans les lots adjugés à un même fabricant, il est fait de ces prix une moyenne qui devient le prix définitif du marché. Cette moyenne est obtenue en multipliant chaque prix par le nombre de lots correspondant à ce prix, et en divisant par le total des lots.

Si le calcul donne, pour la valeur du prix moyen, plus de deux décimales, il n'est pas tenu compte des décimales inférieures au centime.

Proclamation des adjudicataires de la fourniture des lots de draps de soldat.

Art. 22. Lorsque l'opération relative à l'adjudication des draps de sous-officier est terminée, la commission procède à l'adjudication des draps de soldat, conformément aux prescriptions des articles 13 à 21 ci-dessus.

La lettre close renfermant le prix-limite est recachetée, pour être jointe en cet état au procès-verbal de la séance.

Signature du procès-verbal d'adjudication.

Art. 23. Chaque soumissionnaire déclaré adjudicataire signe, séance tenante, les deux expéditions du procès-verbal d'adjudication, qui tient lieu de marché.

Cet acte est immédiatement accepté, à titre provisoire, par le sous-intendant militaire, mais ne devient définitif qu'après l'approbation du Ministre.

Un extrait de ce procès-verbal, établi conformément au modèle annexé à la présente instruction, est délivré ultérieurement à chaque adjudicataire.

Adjudicataire absent et non représenté.

Art. 24. Si, au moment de la clôture des opérations de la commission, un soumissionnaire déclaré adjudicataire est absent et non représenté, ou si, présent, il refuse de signer le procès-verbal, mention en est faite au procès-verbal de la séance, auquel la soumission dudit adjudicataire demeure en ce cas annexée. Ce procès-verbal tenant lieu de marché, le sous-intendant militaire en fait remettre une copie certifiée par lui au domicile de l'adjudicataire.

Cette notification est faite par voie administrative.

Réclamations des soumissionnaires présents.

Art. 25. Si les opérations de la commission donnent lieu, séance tenante, à une réclamation de la part d'un ou plusieurs soumissionnaires, il en est fait mention au procès-verbal de la séance que signe chaque réclamant.

Si aucune réclamation n'a lieu, le procès-verbal le mentionne.

Restitution des dépôts de garantie.

Art. 26. A l'issue de la séance, le président de la commission remet aux soumissionnaires non déclarés adjudicataires les récépissés constatant le versement des dépôts de garantie de 3,000 et de 1,500 francs par lot.

Préalablement, il inscrit au dos de chaque récépissé la mention suivante :

« M. (nom du soumissionnaire), n'ayant pas été déclaré adjudicataire, a droit à la restitution de son dépôt.

« Fait à   le   189 . »

(Signature et cachet.)

Les récépissés des dépôts de garantie des soumissionnaires
déclarés adjudicataires, sont conservés à l'appui de leurs marchés,
jusqu'à ce qu'ils aient justifié de la réalisation des cautionne-
ments prévus par l'article 23 du cahier des charges (20,000 francs
par lot de draps de soldat et 10,000 francs par lots de draps de
sous-officier).

Procès-verbal de la séance d'adjudication.

Art. 27. Les opérations de la commission en séance d'adjudication sont constatées par un procès-verbal en double original
relatant toutes les circonstances de l'adjudication ou de la non-
adjudication, et mentionnant spécialement les incidents de nature
à influer sur les résultats de l'adjudication, qui auraient pu se
produire pendant la séance.

Ce procès-verbal est signé par les adjudicataires, les auteurs des
réclamations s'il y a lieu, et par tous les membres de la commission. Un des originaux est immédiatement et directement transmis au Ministre de la guerre, par le sous-intendant militaire.

Ledit acte est ensuite enregistré à la diligence de l'administration militaire, mais seulement après que le Ministre a approuvé
les résultats de l'adjudication.

Arrêté à Paris, le 2 janvier 1893.

Le Ministre de la guerre,
Signé : C. DE FREYCINET.

<table>
<tr><td>N⁰ au procès-
verbal d'adjudication.</td><td>MODÈLE N⁰ 1.
—
Art. 11 de l'instruction
du 2 janvier 1893</td></tr>
</table>

SOUMISSION

pour une fourniture de (1)   lot de draps de sous-officier.

Je, soussigné (2),   fabricant de draps à   , département d patenté le   sous le n⁰   en qualité de fabricant de draps, faisant élection de domicile, pour l'exécution du présent engagement, à   , rue   , n⁰ ;

Après avoir pris connaissance :

1° Du cahier des charges du 2 janvier 1893 (y compris ses annexes), comportant toutes les clauses et conditions imposées aux entrepreneurs de la fourniture des draps à livrer dans les magasins administratifs, du 1ᵉʳ janvier 1894 au 31 décembre 1899 et, éventuellement, au 31 décembre 1902, si le Ministre de la guerre use du droit de prorogation qu'il s'est réservé par l'article 1ᵉʳ du cahier des charges précité ;

2° Des modèles types desdites étoffes,

Déclare :

1° Me soumettre à toutes les clauses et conditions stipulées au cahier des charges susmentionné ;

2° Me charger de la fourniture de (1)   lot de draps de sous-officier, aux prix suivants par mètre courant de drap :

	Draps de sous-officier.	Draps de sous-officier rengagé.
Bleu de ciel (3).....................	ci..........	ci..........
Bleu foncé........................	ci..........	ci..........
Rouge ton garance	ci..........	ci..........
Gris de fer foncé	ci..........	ci..........
Blanc blanchi.... ⎫ Jonquille .... ⎬ Ecarlate......... ⎭	ci..........	ci..........

La fabrication du tissu aura lieu dans les usines de dont je dispose (4)

Fait à   , le

---

(1) Indiquer en toutes lettres le nombre de lots.
(2) Nom et prénoms ou raison sociale.
(3) Stipuler en toutes lettres un prix en francs et en centimes pour chaque espèce de drap et par mètre.
(4) Indiquer en quelle qualité (locataire ou propriétaire).

<table>
<tr><td>N au procès-
verbal d'adjudication.</td><td style="text-align:right">MODÈLE N° 2.

Art. 11 de l'instruction
du 2 janvier 1893.</td></tr>
</table>

SOUMISSION

pour une fourniture de (1)   *lot de draps de soldat.*

Je, soussigné (2),   fabricant
de draps à   , département d   ,
patenté le   sous le n°   , en qualité
de fabricant de draps, faisant élection de domicile, pour l'exécution
du présent engagement, à   , rue   , n°   ;
Après avoir pris conaissance :

1° Du cahier des charges du 2 janvier 1893 (y compris ses annexes), compórtant toutes les clauses et conditions imposées aux
entrepreneurs de la fourniture des draps à livrer dans les magasins administratifs, du 1er janvier 1894 au 31 décembre 1899 et
éventuellement au 31 décembre 1902, si le Ministre de la guerre
use du droit de prorogation qu'il s'est réservé par l'article 1er du
cahier des charges précité;

2° Des modèles types desdites étoffes,

    Déclare :   .

1° Me soumettre à toutes les clauses et conditions stipulées au
cahier des charges susmentionné;

2° Me charger de la fourniture de (1)   lot
de draps de soldat, aux prix suivants par mètre courant de drap :

Bleu de ciel (3)..............................   ci...........
Bleu foncé....................................   ci...........
Rouge ton garance ....   ci.........
Gris de fer foncé. ⎫
Gris de fer bleuté ⎪
Gris beige........ ⎬.........................   ci.........
Beige bleu........ ⎪
Marron foncé.... ⎭

La fabrication du tissu aura lieu dans les usines de
dont je dispose (4)

    Fait à   , le

---

(1) Indiquer en toutes lettres le nombre de lots.
(2) Nom et prénoms ou raison sociale.
(3) Stipuler en toutes lettres un prix en francs et centimes pour chaque
espèce de drap et par mètre.
(4) Indiquer en quelle qualité (propriétaire ou locataire).

·Modèle n° 3.

—

Art. 11 de l'instruc-
tion du 2 janvier 1893.

SERVICE DE L'HABILLEMENT.

—

*RELEVÉ approximatif des quantités de draps de chaque espèce en-
trant dans la composition : 1° d'un lot de draps de sous-officier ;
2° d'un lot de draps de soldat.*

COMPOSITION D'UN LOT DE DRAPS DE SOUS-OFFICIER.			COMPOSITION D'UN LOT DE DRAPS DE SOLDATS.	
	QUANTITÉS			
DÉSIGNATION DES DRAPS.	de draps d'uni-forme.	de draps de sous-officier rengagé.	DÉSIGNATION DES DRAPS.	QUAN-TITÉS.
Bleu de ciel	150	60	Bleu de ciel	350
Bleu foncé..	1.530	540	Bleu foncé.............	2.440
Rouge ton garance.....	990	330	Rouge ton garance.....	2.440
Gris de fer foncé	60	30	Gris de fer foncé	
Blanc blanchi			Gris de fer bleuté......	
Jonquille..............	270	40	Gris beige.............	2.770
Ecarlate...............			Beige bleu.............	
			Marron foncé.........	
	3.000	1.000		8.000
	4.000			

GOUVERNEMENT MILITAIRE
de Paris.

—

Place de Paris.

MODÈLE N° 4.

—

Art. 23 de l'instruction
du 2 janvier 1893.

SERVICE DE L'HABILLEMENT.

Fourniture des draps de troupe.

Extrait du procès-verbal d'adjudication.

Suivant procès-verbal en date du   189   , M
a été déclaré adjudicataire pour la période du 1er janvier 1894 au 31 décembre
1899, période qui peut être étendue au 31 décembre 1902, si le Ministre de la
guerre use du droit de prorogation qu'il s'est réservé par l'article 1er du cahier des charge du   1892, des fournitures ci-après :

NOM ET RÉSIDENCE d adjudicataire .	NOMBRE ET NATURE des lots de draps.	DÉSIGNATION des DRAPS.	PRIX par mètre DE DRAP.

Réalisation du cautionnement.

Le cautionnement en draps comprendra, pour chaque lot, la quantité de
draps indiquée à l'article 23 du cahier des charges.
Ce cautionnement sera réalisé dans les nuances et d'après les proportions
indiquées par le Ministre de la guerre dans les six mois suivant la date de
l'approbation définitive de l'adjudication.
Un cautionnement provisoire de 20,000 ou de 10,000 francs, par lot, garan-
tira la constitution du cautionnement en matières.

Approbation du procès-verbal d'adjudication.

Le procès-verbal d'adjudication sus mentionné a été approuvé par le Ministre
de la guerre le   189 .

Enregistrement.

Enregistré à Paris le   189 .   folio   , case   .
Reçu   (décimes compris). (Signé.)

POUR EXTRAIT :
Le Sous-Intendant militaire,

TABLE DES MATIÈRES.

PARIS ET LIMOGES. — IMP. MILITAIRE HENRI CHARLES-LAVAUZELLE.